NOT

MW00962153

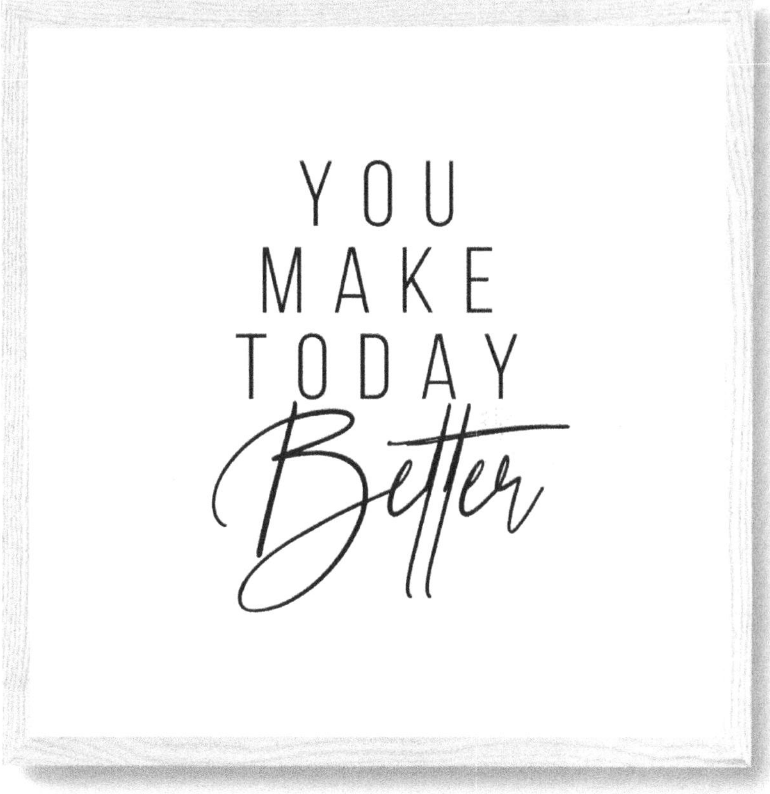